JANA SCHWARZ

# Speedy SINGLE KÜCHE

AUSGEWOGEN UND GESUND GENIESSEN

# FRÜHSTÜCK SWEETS

# Salate und Suppen

# Pasta

# Herzhaftes

# Brotzeit

# BACKEN

# VORWORT

**Lohnt es sich überhaupt zu kochen, wenn man alleine wohnt? Für mich ist die Antwort ganz klar „JA". Egal in welchem Alter oder in welcher Lebenslage, eine gute und ausgewogene Ernährung tut nicht nur dem Körper, sondern auch der Seele gut. Kochen muss nicht immer gleich aufwendig und kompliziert.**

Solange ich denken kann ist die Küche in meiner Familie immer ein Ort gewesen, an dem wir am Ende eines langen Tages von der Arbeit oder Schule zusammen gesessen und gegessen haben. Sowohl meine Mutter als auch mein Vater kochen bis heute unglaublich gerne und so habe ich schon früh immer wieder beim Kochen mitgeholfen.

Mit ungefähr 16 Jahren habe ich mich dann mehr und mehr mit ethischen und ökologischen Aspekten meiner Lebensweise auseinandergesetzt und habe mich in das ganze Thema des Veganismus eingelesen.
Je mehr Wissen ich angesammelt habe, desto klarer ist es mir geworden, dass ich den Schritt zum Veganismus machen will. Da ich die Einzige aus meiner Familie gewesen bin, die sich plötzlich in den Kopf gesetzt hat, so viele Dinge, unter anderem auch die Ernährung, zu verändern, hat mein Vorhaben zu vielen Diskussionen geführt, aber schlussendlich haben meine Eltern mich einfach machen lassen, mit der Bedingung, dass ich selbst für mich kochen muss.

So habe ich erstmals begonnen mich ernsthaft mehr mit Kochen und Backen auseinanderzusetzen. Die Umstellung Gerichte ohne tierische Produkte zu kreieren hat nie ein großes Problem für mich dargestellt, da es wirklich sehr viele vegane Alternativen auf dem Markt gibt.

Durch das selbstständige Kochen ist bei mir die Experimentierfreude in der Küche ausgebrochen. Ich habe begonnen verschiedenste Gerichte aus Kochbüchern und dem Internet auszuprobieren. Schon damals hat es mir großen Spaß gemacht mein Essen auch für das Auge schön anzurichten und so habe ich auch begonnen Bildern von meinen Kreationen zu schießen. Diese Fotos habe ich erstmal Ende 2017 auf meinem Instagramaccount zu teilen begonnen.
Da ich die meiste Zeit für mich alleine koche, sind meine Rezepte immer für eine Person ausgelegt. Egal ob Frühstück, Mittagessen, Abendessen oder Gebäck, wenn man ein Einzelhaushalt ist, heißt das nicht, dass man sich nichts Leckeres zubereiten kann. Deshalb ist nicht nur mein Foodblog, sondern auch dieses Kochbuch eine Sammlung an Rezepten, die nicht nur gesund, vollwertig, vegan und einfach gemacht sind, sondern auch perfekt für alle, die sich selbst etwas Gutes tun wollen.

## VIEL SPAß BEIM AUSPROBIEREN!

# MINIGUIDE

## ZU EINER VOLLWERTIGEN, VEGANEN MAHLZEIT

Vegane Ernährung muss nicht kompliziert und langweilig sein! Mittlerweile gibt es zahlreiche Ersatzprodukte zu verschiedenen tierischen Lebensmitteln auf dem Markt, dennoch gibt es ein paar Basics zu beachten, wenn es darum geht sich gesund zu ernähren. Für mich bedeutet eine rein pflanzliche Ernährung keine Einschränkung sondern eröffnet viel mehr neue Türen zu verschiedenen neuen Gerichten oder auch alten Klassikern, die einfach veganisiert werden können. Eine vollwertige Mahlzeit ist aus den jeweiligen Kategorien zusammengesetzt:

### OBST UND GEMÜSE

Hier gilt: je bunter, desto besser! Besonders auf Wochenmärkten bekommt man auch günstige regionale Produkte, die frisch vom Feld kommen. Optional lohnt sich auch oft der Blick in die Tiefkühlabteilung im Supermarkt, da viele Obst und Gemüsesorten dort in größerer Menge zu weniger Geld angeboten werden und durch den Gefriervorgang auch frisch bleiben.

### HÜLSENFRÜCHTE

Bei Hülsenfrüchten lohnt es sich auch oftmals die getrocknete Variante zu kaufen, um Kosten zu sparen. Ein paar Dosen oder Gläser sind immer praktisch als Vorrat, aber es besteht auch die Möglichkeit beispielsweise eine ganze Packung getrockneter Kichererbsen auf einmal zu machen und die frisch gekochten Hülsenfrüchte nach dem Abkühlen einzufrieren und portionsweise aufzutauen.

### NÜSSE UND SAMEN

Nüsse und Samen sind eine wichtige und gesunde Fettquelle. Nicht nur als Studentenfutter, sondern auch immer gut in verschiedenen Dips, Saucen oder auch als Dressing helfen sie uns, Nährstoffe aus Gerichten besser aufzunehmen und im Körper aufzuspalten. Von Nussmus bis zu gerösteten Nüssen als Topping kann man sich nach Geschmack und persönlicher Präferenz durchprobieren.

### GETREIDE

Hier ist besonders Vollkorngetreide ein richtiges Powerfood! In den verschiedenen Körnern stecken jede Menge Mineralstoffe und Proteine und helfen uns dabei eine Mahlzeit abzurunden. Von Vollkornpasta, braunem Reis oder auch Pseudogetreide wie Hirse oder Quinoa gibt es zahlreiche Varianten, um den Speiseplan abwechslungsreich zu halten. Das bedeutet nicht, dass Lebensmittel wie Süßigkeiten oder Fertigprodukte nie in das Leben inkludiert werden, aber es heißt ja so schön: „Balance is the key!“. Wichtig ist einfach, dass darauf geachtet wird, alle Nährstoffe abzudecken und gut auf sich und seinen Körper zu hören, denn wir sind alle individuell. Wichtig ist an der Stelle auch noch zu sagen, dass ein Vitamin B12 Supplement bei einer veganen Ernährungsweise ein muss ist und nicht über die Nahrung aufgenommen werden kann. Außerdem ist es immer gut regelmäßig Blutbilder machen zu gehen, aber das gilt nicht nur für VeganerInnen, sondern für alle Menschen um gegebenenfalls rechtzeitig auf Mängel aufmerksam zu werden.

# KÜCHEN MUST HAVES

## PFLANZLICHE MILCHALTERNATIVE

Mittlerweile gibt es eine große Vielzahl von pflanzlichen Alternativen zu Kuhmilch. Hier heißt es, sich einfach durchzuprobieren, bis man das perfekte Produkt für sich selbst gefunden hat. Je nach Marke kann Geschmack, Preis und Konsistenz variieren.
Die Milchalternative kann wie normale Milch verwendet werden, egal ob in Heißgetränken, Müsli oder beim Backen.

## KICHERERBSEN

Kichererbsen gehören zu meinen Lieblingen, wenn es um Hülsenfrüchte geht. Sie liefern nicht nur Protein und eine Vielzahl von Mineralstoffen, sondern schmecken auch lecker angeröstet als Topping für Bowls, Salate, zu Ofengemüse oder auch in Dips verarbeitet.

## TIEFKÜHLBEEREN

Beeren sind ein richtiges Superfood! Leider ist die Saison immer viel zu schnell vorbei, aber da sind Tiefkühlbeeren mein kleiner Geheimtipp. In der gefrorenen Variante spart man sich oftmals einiges an Geld und gerade beim Kochen oder Backen macht es nicht den größten Unterschied, ob sie frisch oder gekühlt sind.

## TIEFKÜHL GEMÜSEMISCHUNGEN

Bunte Gemüsemischungen sind immer toll, wenn es schnell gehen muss. Hier fällt der Part von langem Schnibbeln in der Küche weg, denn in den Mischungen ist das Gemüse meist schon in Form geschnitten. Einfach in der Pfanne oder in der Mikrowelle erhitzen und voila ist es fertig gekocht.

## KNOBLAUCHPULVER

Wer Knoblauch auch so liebt wie ich, kennt das Problem bestimmt, dass nach dem klein hacken von Knoblauchzehen oft die Finger unangenehm riechen. Da ist Knoblauchpulver eine gute Alternative. Hier fällt auch ein Arbeitsschritt weg, denn der Knoblauch ist ja bereits in Pulverform und lässt sich einfach in das Gericht mischen.

## VOLLKORNPASTA

Vollkornpasta ist eine tolle vollwertige Alternative zu den nährstoffärmeren, stark raffinierten Pastaprodukten. Mit einer leckeren Sauce bemerkt man kaum einen Unterschied und Nudeln sind immer schnell zubereitet, wenn es schnell gehen muss.

## ERDNUSSMUS

Erdnussmus ist wahrscheinlich mein liebstes Nussmus. Es ist nicht nur preiswert, sondern ist fester Bestandteil vieler meiner Saucen für Salate, Pasta oder Bowls. Doch nicht nur das, auch für Snacks eignet es sich gut zum dippen von Obst wie Äpfeln, Gemüsesticks oder auch als Füllung für entkernte Datteln.

## HAFERFLOCKEN

Haferflocken dürfen auch nie fehlen. Der Preis ist einfach unschlagbar und sie sind nicht nur im Müsli lecker. Auch beim Backen oder meinem heiß geliebten Oatmeal in der Früh möchte ich sie mittlerweile nicht mehr missen.

## TIEFKÜHLKRÄUTER

Wer keine Lust hat lange Kräuter zu hacken, der kann immer auf die tiefgekühlte Variante zurückgreifen. Kräuter haben zahlreiche gesundheitliche Vorteile und helfen dabei das noch so langweiligste Gericht auf Vordermann zu bringen.

# FRÜHSTÜCK SWEETS

# MARMOR-GRIESSPUDDING

ZUBEREITUNGSZEIT: **5 Minuten**

## ZUTATEN:

100 g (Vollkorn-)Grieß

10 g ungesüßtes Kakaopulver

200 ml pflanzliche Milch

300 ml Wasser

10 g geschrotete Leinsamen

40 g Xylit (oder ein anderes Süßungsmittel)

1 EL Mandelmus

etwas Vanille

## ZUBEREITUNG

Den Grieß mit der Flüssigkeit zum Kochen bringen. Unter ständigem Rühren für ca. 4–5 Minuten köcheln lassen und langsam den Xylit mit den Leinsamen und dem Mandelmus unterrühren.

Den gekochten Grieß anschließend auf 2 Schüsseln verteilen und zu der einen Hälfte das Kakaopulver geben und zu dem Rest die Vanille.

Abwechselnd in einer kleinen Kuchenform (ca. 12 cm) verteilen oder in einer Schüssel schichten. Mit einer Gabel kurz durch den Grieß fahren, sodass die beiden Massen sich leicht vermischen und der Marmorlook entsteht.

Anschließend vollkommen abkühlen lassen. Nach der Kühlzeit aus der Form lösen.

### VORTEILE GRIESS:

- ✔ leicht verdaulich
- ✔ kurze Kochzeit
- ✔ fest oder cremig anwendbar
- ✔ prima Nutzen zum Andicken

# BEEREN-KOKOS-PANNACOTTA

ZUBEREITUNGSZEIT: **5 Minuten**

## ZUTATEN:

400 g Kokosnussjoghurt

100 g TK-Beeren nach Wahl

2–3 EL Ahornsirup (oder ein anderes Süßungsmittel)

1 Packung Agar-Agar (veganes Geliermittel)

etwas Vanille

## ZUBEREITUNG

Das Kokosnussjoghurt in einem Topf erhitzen und das Agar-Agar unterrühren. Die Beeren kurz auftauen.

Den Ahornsirup und die Vanille mit den Beeren ebenfalls zu dem Joghurt in den Topf geben.

Für ca. 2–3 Minuten unter ständigem Rühren köcheln lassen.

Im Anschluss in Dessertgläschen füllen und vollständig abkühlen lassen.

### Vorteile Beeren:

- ✔ viele Ballaststoffe, zur Förderung der Darmgesundheit
- ✔ blutdruckregulierende und entzündungshemmende Wirkstoffe

# KALTE BEERENCREME

ZUBEREITUNGSZEIT: **5 Minuten**

## ZUTATEN:

300 g Seidentofu

150 g TK-Beeren

1–2 EL Ahornsirup (oder ein anderes Süßungsmittel)

etwas Vanille

## ZUBEREITUNG

Den Tofu in Stücke schneiden oder zupfen.

Zusammen mit den Beeren in einen Mixer geben und pürieren, bis keine Stückchen mehr übrig sind.

Mit Vanille und Ahornsirup abschmecken und mit Toppings nach Belieben verzieren.

### VORTEILE SEIDENTOFU:

- ✔ enthält Eisen, Magnesium, Kalium und Kalzium
- ✔ durch das Vitamin C der Beeren kann das Eisen im Seidentofu besser vom Körper aufgenommen werden

# BEERIGE KOKOS-HIRSE

ZUBEREITUNGSZEIT: **20 Minuten**

## ZUTATEN:

100 g Hirse

150 ml Kokosnussmilch aus der Dose

150 ml Wasser

30 g Xylit (oder ein anderes Süßungsmittel)

1 EL Kokosnussflocken

150 g TK-Beerenmischung

## ZUBEREITUNG

Die Hirse mit der Kokosnussmilch und dem Wasser in einem Topf zum Kochen bringen und nach Packungsanleitung kochen.

Nachdem die Hirse fertig gekocht ist, die Kokosnussflocken zusammen mit dem Xylit und den Beeren dazugeben.

Ein letztes Mal aufkochen lassen und servieren.

TIPP: Mit frischen Beeren als Topping genießen.

### Vorteile Hirse:

- ✔ enthält Eisen und Magnesium
- ✔ glutenfrei
- ✔ hilft Haut, Nägeln und Haaren

# ERDNUSS-GRIESSBREI

ZUBEREITUNGSZEIT: **8 Minuten**

## ZUTATEN:

100 g (Vollkorn-)Grieß

200 ml pflanzliche Milch

400 ml Wasser

½ TL Zimt

30 g Erdnussmus

40 g Xylit (oder ein anderes Süßungsmittel)

## ZUBEREITUNG

Alle trockenen Zutaten verrühren.

Mit der pflanzlichen Milch und dem Wasser in einem Topf zum Kochen bringen und anschließend für ca. 5 Minuten unter ständigem Rühren köcheln lassen.

Zum Abschluss das Erdnussmus unterrühren.

Mit Toppings der Wahl verzieren.

TIPP: Eine kleine Prise Salz hebt den Geschmack besser hervor.

### VORTEILE ERDNÜSSE:

- ✔ reich an Vitaminen und Mineralstoffen wie Biotin, Vitamin E, Magnesium und Kupfer
- ✔ enthalten viel Protein

# ERDNUSS-KEKSTEIG

ZUBEREITUNGSZEIT: **12 Minuten**

## ZUTATEN:

200 g gekochte Kichererbsen

80 ml pflanzliche Milch

80 g Datteln (am besten über Nacht oder ein paar Stunden zuvor einweichen / in einer Schüssel Wasser kurz in die Mikrowelle geben)

40 g Erdnussmus

2–3 EL Kokosnussmehl oder gemahlene Haferflocken

## ZUBEREITUNG

Die Kichererbsen zusammen mit der Flüssigkeit und den Datteln zu einer homogenen Masse pürieren.

Anschließend das Erdnussmus und das Kokosnussmehl dazugeben. Je nach gewünschter Konsistenz eventuell mehr Kokosnussmehl oder pflanzliche Milch hinzufügen.

### VORTEILE KICHERERBSEN:

- ✔ für starke Knochen und Zähne dank Kalzium- und Phosphorgehalt
- ✔ reich an Protein und Eisen

# NO-BAKE-POLENTAKUCHEN

ZUBEREITUNGSZEIT: **15 Minuten**

## ZUTATEN:

100 g Polenta

400 ml pflanzliche Milch

30 g Xylit (oder ein anderes Süßungsmittel)

100 g Beeren

1 EL Cashewmus

etwas Vanille

## ZUBEREITUNG

Die Polenta mit der pflanzlichen Milch aufkochen lassen und unter ständigem Rühren die Beeren zusammen mit den restlichen Zutaten dazugeben.

Ungefähr 5 Minuten kochen, bis die Polenta andickt und klebrig wird.

Nun die Polentamasse in eine kleine Springform (12 cm) oder Gläschen geben und vollständig abkühlen lassen.

Nachdem die Mischung kühl ist, die Form lösen und mit Toppings nach Wahl verzieren.

### Vorteile Polenta:

- ✔ viel Vitamin A für Haut und besseres Sehvermögen
- ✔ leicht verdaulich
- ✔ glutenfrei

# GLUTENFREIE WAFFELN

ZUBEREITUNGSZEIT: **20 Minuten**

## ZUTATEN:

100 g Buchweizenmehl

120 ml pflanzliche Milch

40 g Xylit (oder ein anderes granuliertes Süßungsmittel)

10 g geschrotete Leinsamen

1 EL Nussmus

etwas Kardamom

etwas Zimt

## ZUBEREITUNG

Alle Teigzutaten in einer Schüssel verrühren.

Den Teig in Waffelsilikonformen geben und im 200° C vorgeheizten Ofen ca. 15–20 Minuten backen. Im Waffeleisen geht´s natürlich auch.

Kurz abkühlen lassen und aus der Form lösen.

### Vorteile Buchweizen:

- ✔ glutenfrei
- ✔ Mineralstoffe wie Magnesium, Kalium und Eisen
- ✔ gut für Nägel und Haare dank der Kieselsäure

# ERDNUSS-SCHOKO-PANCAKES

ZUBEREITUNGSZEIT: **20 Minuten**

## ZUTATEN:

100 g Dinkelvollkornmehl

1 EL Erdnussmus

140 ml pflanzliche Milch

1 TL Backpulver

20 g ungesüßtes Kakaopulver

40 g Xylit (oder ein anderes granuliertes Süßungsmittel)

optional: Schokostücke

## ZUBEREITUNG

Alle Teigzutaten in einer Schüssel verrühren.

Eine Pfanne aufheizen und die Pancakes braten.

Anschließend mit den gewünschten Toppings verzieren und genießen.

TIPP: Der Seidentofu kann auch gegen veganes Joghurt ausgetauscht werden.

### Vorteile Dinkelvollkornmehl:

- ✔ enthält Tryptophan, was sich positiv auf die Stimmung auswirkt
- ✔ fördert die Verdauung durch den hohen Ballaststoffgehalt

# VANILLE-FRÜHSTÜCKSBOWL

ZUBEREITUNGSZEIT: **5 Minuten**

## ZUTATEN:

600 ml Sojamilch

1 Packung Vanillepuddingpulver

2–3 EL Xylit (oder ein anderes Süßungsmittel nach Wahl)

200 g TK-Erdbeeren

½ TL gemahlene Leinsamen

etwas Vanille

## ZUBEREITUNG

Die Sojamilch in einem Topf erhitzen.

Das Puddingpulver unterrühren und köcheln lassen, bis die Masse andickt.

Anschließend vom Herd nehmen und kurz abkühlen lassen.

In der Zwischenzeit die TK-Erdbeeren in der Mikrowelle oder einem Topf weich kochen und mit den Leinsamen und der Vanille verrühren.

Alles zusammen servieren.

### Vorteile Sojamilch:

- ✔ guter Lieferant für ungesättigte Fettsäuren
- ✔ sehr proteinreich

# SCHOKO-ERDNUSS-PORRIDGE

ZUBEREITUNGSZEIT: **8 Minuten**

## ZUTATEN:

80 g Haferflocken

15 g ungesüßter Kakao

500 ml pflanzliche Milch

4 EL Xylit (oder ein anderes Süßungsmittel)

1 EL Erdnussmus

100 g Seidentofu

## ZUBEREITUNG

Alle Zutaten bis auf den Seidentofu in einen Topf geben und zum Kochen bringen. Rühren, bis das Porridge die gewünschte Konsistenz erreicht hat.

Den Topf vom Herd nehmen und kurz ziehen lassen.

Den Seidentofu pürieren und ebenfalls in das Porridge rühren.

Mit Toppings nach Wahl genießen.

### VORTEILE HAFERFLOCKEN:

- ✔ enthalten viele Mineralstoffe, Spurenelemente und Vitamine wie z. B. Eisen, Vitamin E, Magnesium, Kalzium usw.
- ✔ durch den hohen Zinkgehalt gut für Haare und Haut

# CREMIGER SCHOKOPUDDING

ZUBEREITUNGSZEIT: **20 Minuten**

## ZUTATEN:

1 große Süßkartoffel (ca. 450 g)

200 ml pflanzliche Milch

30 g ungesüßtes Kakaopulver

50–70 g Xylit (oder ein anderes granuliertes Süßungsmittel)

## ZUBEREITUNG

Die Süßkartoffel in Stücke schneiden.

Die Stücke zusammen mit der pflanzlichen Milch in einem Topf erhitzen und für ca. 20 Minuten köcheln lassen, bis die Süßkartoffel schön weich gekocht ist.

Nach der Kochzeit vom Herd nehmen und das Kakaopulver mit Xylit dazugeben und gut pürieren, bis eine glatte Masse entsteht.

Anschließend kurz abkühlen lassen.

### VORTEILE SÜẞKARTOFFEL:

- ✔ enthält viel Kalzium, das wichtig für die Knochen ist
- ✔ reich an Beta-Carotin und ist daher gut für die Augen, das Immunsystem
- ✔ viel Vitamin E

# GOLDENES KURKUMAPORRIDGE

ZUBEREITUNGSZEIT: **8 Minuten**

## ZUTATEN:

80 g Haferflocken

½ TL Kurkuma

1 TL Zimt

½ TL geriebener Ingwer

1 EL geriebene Walnüsse

1 EL geschrotete Leinsamen

100 ml pflanzliche Milch

400 ml Wasser

100 g Sojajoghurt

1 EL Mandelmus

3 EL Xylit (oder ein anderes Süßungsmittel)

1 Banane

## ZUBEREITUNG

Die Banane mit einer Gabel zerdrücken.

Alle Zutaten bis auf das Joghurt in einem Topf zum Kochen bringen und unter ständigem rühren köcheln lassen, bis das Porridge die gewünschte Konsistenz erreicht hat.

Den Topf vom Herd nehmen und das Joghurt unterrühren.

Eventuell noch nachsüßen und mit Toppings nach Wahl verzieren.

TIPP: Mit warmen Beeren als Topping und etwas veganem Joghurt genießen.

### VORTEILE KURKUMA:

- ✔ wirkt entzündungshemmend
- ✔ verringert Risiko für verschiedene Krankheiten wie z. B. Herzerkrankungen
- ✔ beruhigt den Magen
- ✔ die Wirkung von Kurkuma wird von einer Prise schwarzen Pfeffer um ein Vielfaches verstärkt

### Vorteile Beeren:

- ✔ enthalten viele Ballaststoffe, welche die Darmgesundheit fördern
- ✔ blutdruckregulierende und entzündungshemmende Wirkstoffe

# BEEREN-GERMKNÖDEL

ZUBEREITUNGSZEIT: **20 Minuten**

## ZUTATEN:

100 g Dinkelvollkornmehl

60 ml pflanzliche Milch

1 TL Trockenhefe

20 g Xylit (oder ein anderes granuliertes Süßungsmittel)

1 Handvoll TK-Beeren

## ZUBEREITUNG

Die pflanzliche Milch leicht erwärmen und mit der Trockenhefe und dem Xylit verrühren.

Die Milchmischung zu dem Mehl geben und gut verkneten.

Eine Teigkugel formen, platt pressen und in deren Mitte die Beeren platzieren.

Die Teigkugeln verschließen, sodass in der Mitte die gefrorenen Beeren eingeschlossen sind.

Einen Schuss Wasser in einen Topf geben oder einen Dampfgareinsatz benutzen und den Knödel in dem Topf legen.

Für ca. 20 Minuten dampfgaren.

Anschließend mit etwas Vanillesoße und einer Mohn-Xylit-Mischung bestreuen und genießen.

TIPP: Germknödel werden traditionell mit Vanillesoße serviert.

# BANANEN-LINSENPANCAKES

ZUBEREITUNGSZEIT: **15 Minuten**

## ZUTATEN:

80 g gemahlene Haferflocken

100 g gekochte Linsen

1 kleine Banane (ca. 100 g)

1 TL Currypulver

100 ml pflanzliche Milch

10 g gemahlene Leinsamen

1 TL Backpulver

Salz

## ZUBEREITUNG

Die Banane mit der pflanzlichen Milch und den Linsen zu einer homogenen Masse pürieren.

Anschließend alle Zutaten in einer Schüssel verrühren. Eine Pfanne aufheizen und die Pancakes braten.

TIPP: Macht sich besonders gut mit einem veganen Joghurtdip.

### VORTEILE BANANE:

- ✔ beruhigende Wirkung durch Mineralien wie Magnesium, Kalium und Phosphor
- ✔ als Nervennahrung gegen Nervosität, macht gute Laune durch den Serotoningehalt
- ✔ hilft bei Bauchschmerzen, da sie leicht verdaulich ist und wichtige Nährstoffe liefert

# APFEL-KAISERSCHMARRN

ZUBEREITUNGSZEIT: **20 Minuten**

## ZUTATEN:

100 g Vollkorndinkelmehl

1 Handvoll Rosinen

1 TL Zimt

1 TL Backpulver

50 g Apfel

50 g Apfelmus

120 ml Wasser

## ZUBEREITUNG

Alle trockenen Teigzutaten in einer Schüssel verrühren.

Den Apfel in Stücke schneiden und zusammen mit den restlichen Zutaten ebenfalls in die Schüssel geben.

Eine Pfanne aufheizen und wie große Pancakes anbraten. Nach dem Wenden des Teigs in der Pfanne mit dem Pfannenwender zerteilen.

Anschließend mit Apfelmus oder etwas Marmelade genießen.

### VORTEILE APFEL:

- ✔ viele Mineralstoffe, besonders Kalium, Kalzium, Phosphor und kleinere Mengen an Eisen
- ✔ beruhigt den Magen durch das Pektin
- ✔ positiv für das Zahnfleisch, da durch das Kauen der Apfelschale das Zahnfleisch massiert und Entzündungen vorgebeugt wird

# SÜSSE TOFUKNÖDEL

ZUBEREITUNGSZEIT: **15 Minuten**

## ZUTATEN:

### Teig:

200 g fester Naturtofu

50–70 ml Wasser

10 g Flohsamenschalen

40 g gemahlene Haferflocken

30 g Xylit (oder ein anderes granuliertes Süßungsmittel)

½ Zitrone (Schale)

### Brösel:

50 g Vollkornbrösel

2–3 EL Xylit (oder ein anderes granuliertes Süßungsmittel)

1 EL Kokosnussflocken

etwas Zimt

### Füllung:

1 Handvoll TK-Himbeeren

## ZUBEREITUNG

Den Tofu zusammen mit dem Wasser und dem Abrieb der Zitrone pürieren, bis eine glatte Masse entsteht. Nun alle restlichen Zutaten für den Teig zusammenmischen und für ca. 5 Minuten ziehen lassen.

Im Anschluss einen Topf mit Wasser zum Kochen bringen und mit angefeuchteten Händen Knödel formen. In die Mitte jedes Knödels eine gefrorene Himbeere stecken.

Die Knödel in das heiße (aber nicht mehr kochende) Wasser geben und ca. 10 Minuten ziehen lassen, bis sie an die Oberfläche schwimmen.

In der Zwischenzeit die Brösel mit den Kokosnussflocken in einer separaten Pfanne anrösten.

Sobald die Bröselmischung leicht gebräunt ist, vom Herd entfernen und den Zimt und den Xylit unterrühren. Die Knödel nach der Kochzeit aus dem Wasser holen und direkt in der Bröselmischung wenden, bis sie vollständig bedeckt sind.

TIPP: Die Knödel kann man mit etwas süßem veganem Joghurt oder Apfelmus als Dip servieren.

## VORTEILE FLOHSAMENSCHALEN:

- ✔ immer mit reichlich Flüssigkeit verspeist, regt es die Verdauung an
- ✔ nur in kleinen Mengen verzehren – findet man in gut sortierten Supermärkten oder auch Drogeriemärkten

# SALATE & SUPPEN

# LINSENSALAT MIT BALSAMICO

ZUBEREITUNGSZEIT: **8 Minuten**

## ZUTATEN:

300 g gekochte Linsen

1½ frische Paprika

2 EL Ahornsirup

4 EL Balsamicoessig, schwarz

30 g Mandeln

1 TL Salatgewürz

## ZUBEREITUNG

Die Paprika klein schneiden.

Zusammen mit den Linsen vermengen.

Den Essig mit dem Ahornsirup und dem Gewürz vermischen und zu den Linsen geben.

Die Mandeln klein hacken und ebenfalls in den Salat streuen.

Gut vermengen und am besten etwas ziehen lassen oder gleich genießen.

### Vorteile Balsamicoessig:

- ✔ eines der ältesten und lagerfähigsten Lebensmittel
- ✔ stammt ursprünglich aus Italien (wichtig ist eine gute Qualität)
- ✔ kann die Darmflora positiv beeinflussen
- ✔ hilft den Blutzuckerspiegel zu regulieren

# ROTE-BETE-KICHERERBSENSALAT

ZUBEREITUNGSZEIT: **8 Minuten**

## ZUTATEN:

240 g gekochte Kichererbsen

1 kleiner Apfel

150 g gekochte Rote Bete

1 Handvoll Haselnüsse oder Mandeln

1 kleine Frühlingszwiebel

20 g Xylit (oder ein anderes Süßungsmittel)

50 g Seidentofu

50 g Sojajoghurt

30 ml Aceto Balsamico

## ZUBEREITUNG

Die Frühlingszwiebel, den Apfel und die Rote Bete klein schneiden.

Die Nüsse in kleinere Stücke hacken und mit dem geschnittenen Obst und Gemüse in einer Schüssel vermengen.

Den Seidentofu, Sojajoghurt zusammen mit dem Aceto Balsamico und dem Xylit zu einem Dressing pürieren.

### VORTEILE ROTE BETE:

- ✔ senkt Blutdruck durch den Nitratgehalt
- ✔ Farbstoff Betanin schützt Körperzellen
- ✔ wirkt blutbildend
- ✔ hemmt Entzündungen durch sekundäre Pflanzenstoffe
- ✔ Nitrat erhöht Leistungsfähigkeit beim Sport

# WASSERMELONENSALAT

ZUBEREITUNGSZEIT: **15 Minuten**

## ZUTATEN:

½ kleine Wassermelone (ca. 350 g)

50 ml Sojamilch

½ Zitrone (Saft)

150 g Tofu

2 TL Salatgewürz

Salz

## ZUBEREITUNG

Den Tofu klein schneiden und mit Küchenrolle das Wasser aus dem Tofu pressen.

In eine Schüssel mit der Sojamilch, Salatgewürz, Salz und Zitronensaft geben und gut verrühren.

Für ca. 10 Minuten (oder länger) ziehen lassen.

In der Zwischenzeit die Melone in Stücke schneiden.

Alle Zutaten zusammen vermengen und genießen.

### Vorteile Wassermelone:

- ✔ wirkt blutdrucksenkend
- ✔ enthält viel Vitamin A, was dazu dient, die Haut zu schützen
- ✔ reich an Kalium

# ROTE-BETE-COUSCOUSSALAT

ZUBEREITUNGSZEIT: **10 Minuten**

## ZUTATEN:

100 g Couscous
250 ml Wasser
100 g gekochte Rote Bete
2 rote Zwiebeln
100 g Naturtofu
1 Knoblauchzehe
2 EL Sojasoße
2 EL Ahornsirup
1 EL Apfelessig
1 EL geriebene Walnüsse

## ZUBEREITUNG

Den Couscous in eine Schüssel geben und mit kochendem Wasser übergießen. Für ca. 5 Minuten ziehen lassen. In der Zwischenzeit das Gemüse klein schneiden.

Die Zwiebel und den Knoblauch in einer Pfanne anschwitzen.

Die Sojasoße, den Ahornsirup und Essig verrühren und zusammen mit der klein geschnittenen Roten Bete in die Pfanne zu den Zwiebeln und dem Knoblauch geben.

Den Tofu fein zerbröseln und zusammen mit dem fertig gekochten Couscous und den geriebenen Walnüssen in die Pfanne zu dem Gemüse geben.

Gut umrühren und servieren.

## Vorteile Zwiebeln:

- ✔ unterstützen eine gesunde Darmflora
- ✔ viel Kalium und B-Vitamine
- ✔ ätherische Öle wirken wie ein natürliches Antibiotikum und können Bakterien im Mund und im Verdauungstrakt unschädlich machen

# WEISSE BOHEN-ZUCCHINISALAT

ZUBEREITUNGSZEIT: **8 Minuten**

## ZUTATEN:

2 kleine Zucchini

150 g gekochte weiße Bohnen

40 g Erdnussmus

50 ml Wasser

1 TL Currypulver

1 TL Apfelessig

Salz

## ZUBEREITUNG

Die Zucchini klein schneiden.

Zusammen mit den Bohnen vermengen.

Für das Dressing alle restlichen Zutaten verrühren.

Eventuell mit etwas mehr Wasser verdünnen, bis die gewünschte Konsistenz entsteht.

### Vorteile Zucchini:

- ✔ schützen das Herz mit dem Mineralstoff Kalium
- ✔ enthalten Vitamin C im rohen Zustand
- ✔ können roh und gekocht verzehrt werden

# BROKKOLI-REISSALAT

ZUBEREITUNGSZEIT: **15 Minuten**

## ZUTATEN:

200 g TK-Brokkoli

100 g Vollkornreis

2 Handvoll Walnüsse

40 g Balsamicoessig

1 TL Knoblauchpulver

15 g Xylit oder ein anderes Süßungsmittel

etwas Chilipulver

etwas Salz

## ZUBEREITUNG

Den Reis nach Packungsanleitung in Wasser kochen.

Den TK-Brokkoli ca. 10 Minuten vor dem Ende der Kochzeit des Reis ebenfalls in den Topf geben.

Im Anschluss die Walnüsse klein hacken.

Alle restlichen Zutaten in einer Schüssel zu einem Dressing verrühren.

Sobald die Reismischung fertig gekocht ist, alles zusammen vermengen und ein letztes Mal kurz aufkochen lassen, bis die Flüssigkeit verdampft ist.

### VORTEILE BROKKOLI:

- ✔ pusht das Immunsystem mit dem Vitamin C
- ✔ vorbeugend gegen Krebsarten
- ✔ gut für Haut und Augen durch Vitamin A
- ✔ schützt vor Diabetes Typ 2
- ✔ Quercetin im Brokkoli steigert Leistungsfähigkeit beim Ausdauersport

# FRISCHER COUSCOUSSALAT

ZUBEREITUNGSZEIT: **15 Minuten**

## ZUTATEN:

100 g Couscous

150 g gekochte Kichererbsen

150 g Cherrytomaten

½ Salatgurke

1 kleine Frühlingszwiebel

1 Handvoll frischer Koriander

½ Zitrone (Saft)

1 TL Knoblauchpulver

Salz und Pfeffer

optional: Chilipulver

## ZUBEREITUNG

Den Couscous nach Packungsanweisung in Wasser kochen.

In der Zwischenzeit die Tomaten, Gurke und Koriander klein schneiden.

Sobald der Couscous fertig gekocht ist, alles zusammen in einer Schüssel vermengen.

### Vorteile Couscous:

- ✔ enthält Kalium, Eisen, Magnesium und viel Niacin
- ✔ unterstützt die Verdauung
- ✔ saisonunabhängig
- ✔ schnell zubereitet

# Kartoffelsalat

ZUBEREITUNGSZEIT: **20 Minuten**

## ZUTATEN:

500 g ungekochte Kartoffeln

1 TL Knoblauchpulver

10 g Hefeflocken

1 TL Senf

1 EL Cashewmus

100 g veganes Joghurt

1 Zwiebel

1 Prise Muskat

frische Kräuter nach Wahl

Salz und Pfeffer

optional: 100 g Räuchertofu

## ZUBEREITUNG

Die Kartoffeln in Stücke schneiden und in einem Topf mit Wasser für ca. 15 Minuten kochen, bis sie weich sind.

In der Zwischenzeit die Zwiebel anbraten.

Alle restlichen Zutaten zu einer Soße verrühren und eventuell einen Schuss Wasser dazugeben, wenn die Soße zu dickflüssig ist.

Sobald die Kartoffeln fertig gekocht sind, das Wasser abschütten.

Die Kartoffelstücke und die Zwiebel zu der Soße geben und gut umrühren.

Entweder warm genießen oder im Kühlschrank etwas ziehen lassen.

## Vorteile Kartoffel:

- ✔ viele B- und C-Vitamine
- ✔ hoher Kaliumgehalt
- ✔ Tipp: Für die volle Bandbreite an Nährstoffen die Schale mit verarbeiten, da diese reich an Vitaminen und Mineralien ist

# NO-TUNA-SALAT

ZUBEREITUNGSZEIT: **5 Minuten**

## ZUTATEN:

250 g gekochte Kichererbsen

½ Avocado

50 ml Wasser

2 Noriblätter

Salz

## ZUBEREITUNG

Die Kichererbsen in einem Foodprozessor oder mit einem Stabmixer grob pürieren.

Die Noriblätter mit einer Küchenschere in kleine Streifen oder Stücke schneiden und mit etwas Salz zu den Kichererbsen geben.

Als Nächstes die Avocadohälfte mit dem Wasser pürieren und ebenfalls zu der Kichererbsenmischung geben.

Beispielsweise als Beilagensalat oder auf Brot servieren.

### VORTEILE NORI:

- ✔ enthält viel Jod
- ✔ Nori ist ein Oberbegriff für ca. 30 Arten von Süßwasseralgen, die in Flussmündungen wachsen
- ✔ Mineralstoffe wie Eisen, Kalzium und Magnesium

# KÜRBIS-ERDNUSS-SUPPE

ZUBEREITUNGSZEIT: **20 Minuten**

## ZUTATEN:

½ Hokkaidokürbis (ca. 450 g)

300 ml Wasser

1 TL Knoblauchpulver

40 g Erdnussmus

Salz und Pfeffer

optional: ⅓ TL Kurkuma

## ZUBEREITUNG

Den Kürbis klein schneiden.

Zusammen mit dem Wasser in einem Topf zum Kochen bringen.

Für ca. 15–20 Minuten köcheln lassen.

Das Ganze anschließend mit den restlichen Zutaten pürieren, bis eine homogene Masse entsteht.

TIPP: Mit angebratenen Kichererbsen als Topping genießen

### Vorteile Hokkaido:

- ✔ unterstützt die Blase und Nieren durch den hohen Kaliumgehalt
- ✔ viel Vitamin A für gesunde Haut und Augen
- ✔ schützt die Körperzellen durch die natürlichen Pflanzenfarbstoffe
- ✔ leicht verdaulich

## Vorteile Rosmarin:

- ✔ beruhigt den Magen
- ✔ unterstützt die Durchblutung, hilft bei niedrigem Blutdruck und schwachem Kreislauf
- ✔ wertvolle ätherische Öle
- ✔ unterstützend für Galle und Leber
- ✔ hilft bei Erkrankungen der Atemwege

# ROTE-BETE-ERDNUSS-SUPPE

ZUBEREITUNGSZEIT: **20 Minuten**

## ZUTATEN:

180 g Kartoffeln

200 g gekochte Rote Bete

250 ml Wasser

1 Knoblauchzehe

½ TL Thymian

1 TL Rosmarin

40 g Erdnussmus

Salz

## ZUBEREITUNG

Die Kartoffeln und Rote Bete in Stücke schneiden.

Alle Zutaten in einen Topf geben und zum Kochen bringen.

Für ca. 15–20 Minuten köcheln lassen.

Anschließend den Topf vom Herd nehmen und gut pürieren, bis eine cremige Suppe entsteht.

TIPP: Mit angebratenem Gemüse und Bohnen als Topping kann die Suppe beliebig aufgepeppt werden.

# SCHARFE BLUMENKOHLSUPPE

ZUBEREITUNGSZEIT: **20 Minuten**

## ZUTATEN:

400 g roher Blumenkohl
30 g getrocknete Tomaten
200 ml Kokosnussmilch
200 ml Wasser
½ TL Paprikapulver
1 TL Knoblauchpulver
¼ TL gemahlener Koriander
½ TL Zwiebelpulver
Salz

## ZUBEREITUNG

Alle Zutaten in einen Topf geben und zum Kochen bringen.

Für ca. 20 Minuten köcheln lassen.

Anschließend den Topf vom Herd nehmen und gut pürieren, bis eine cremige Suppe entsteht.

TIPP: Angebratene Kichererbsen und Nüsse machen sich besonders gut als Topping.

### VORTEILE BLUMENKOHL:

- ✔ Kalium schützt das Herz
- ✔ Lieferant an wertvollem Vitamin C
- ✔ beruhigt den Magen, da er leicht verdaulich ist
- ✔ hat eine gute $CO_2$-Bilanz

# PASTA

# ONE-POT-PASTA

ZUBEREITUNGSZEIT: **10 Minuten**

## ZUTATEN:

100 g Vollkornspaghetti

100 g gekochte Kichererbsen

2 Karotten (ca. 200 g)

1 rote Zwiebel

1 TL italienische Gewürzmischung

250 ml pflanzliche Milch

1 TL Cashewmus

## ZUBEREITUNG

Die Karotten und Zwiebel klein schneiden.

Alle Zutaten bis auf das Cashewmus in einen Topf geben.

Zum Kochen bringen und für ca. 8–10 Minuten köcheln lassen.

Gegen Ende der Kochzeit das Cashewmus zu den Spaghetti unterrühren.

### VORTEILE VOLLKORN:

- ✔ senkt das Schlaganfallrisiko
- ✔ bremst entzündliche Erkrankungen
- ✔ reguliert den Blutdruck
- ✔ fördert Verdauung und senkt das Darmkrebsrisiko

# GRÜNE SCHNELLE PASTA

ZUBEREITUNGSZEIT: **12 Minuten**

## ZUTATEN:

100 g gekochte weiße Bohnen

50 g TK-Spinat

50 ml Wasser oder pflanzliche Milch

1 kleine Zwiebel

1–2 EL Cashewmus

100 g Vollkornspaghetti

1 TL Currypaste oder Currypulver

Salz

## ZUBEREITUNG

Die Spaghetti nach Packungsanleitung in einem Topf kochen.

Die Zwiebel klein schneiden und kurz anbraten.

Den Spinat aufwärmen und anschließend mit den restliche Zutaten bis auf die Zwiebel und die Pasta pürieren.

Anschließend die Spaghetti zu der Soße und der Zwiebel geben und kurz erhitzen.

TIPP: Mit angebratenem Gemüse und Bohnen kann das Gericht beliebig aufgepeppt werden.

### Vorteile Weiße Bohnen:

- ✔ liefern Eisen und sind proteinreich
- ✔ reich an Magnesium, das die Funktion der Muskeln unterstützt
- ✔ wirken Nervosität, Unkonzentriertheit und Stress entgegen
- ✔ die Ballaststoffe fördern eine gesunde Darmflora

# PILZ-TAHINI-SPAGHETTI

ZUBEREITUNGSZEIT: **10 Minuten**

## ZUTATEN:

100 g Vollkornspaghetti

30 g Tahini

½ Zitrone (gepresster Saft)

1 TL Ahornsirup

1 TL Knoblauchpulver

1–2 EL Wasser

200 g Champignons

etwas Salz

etwas Chilipulver

## ZUBEREITUNG

Die Spaghetti in einem Topf mit Wasser nach Packungsanleitung kochen.

Die Champignons klein schneiden und in einer separaten Pfanne kurz anbraten.

In der Zwischenzeit die restlichen Zutaten für die Soße verrühren. Je nach gewünschter Cremigkeit mit Wasser verdünnen.

Sobald die Spaghetti fertig gekocht sind, das Wasser abgießen und in die Pfanne zu den Pilzen geben. Mit der Soße verrühren und servieren.

### VORTEILE CHAMPIGNONS:

- ✔ für gute Nerven, Gedächtnis, Schlaf und ausgeglichene Stimmung durch die Folsäure
- ✔ stärken die Muskeln durch hohen Niacingehalt
- ✔ enthalten wichtige Mineralstoffe wie Eisen und Kupfer

# CASHEW-KNOBLAUCH-PASTA

ZUBEREITUNGSZEIT: **10 Minuten**

**ZUTATEN:**

100 g Vollkornpasta

40 g Cashewmus

1 TL Knoblauchpulver

½ TL Cumin

50 ml Wasser

**ZUBEREITUNG**

Die Pasta nach Packungsanleitung in Wasser kochen.

Anschließend das Knoblauchpulver mit dem Cashewmus und den restlichen Zutaten verrühren.

Das Wasser schrittweise hinzugeben, bis eine cremige, homogene Soße entsteht.

Die Spaghetti einmal in der Soße schwenken und mit Kräutern servieren.

**VORTEILE KNOBLAUCH:**

- ✔ durch Allicin gesund für das Herz-Kreislauf-System
- ✔ heilend bei Erkältungen aufgrund des Allicins
- ✔ unterstützt die Darmflora und sorgt so für eine gute Verdauung

# EINFACHE LINSENBOLOGNESE

ZUBEREITUNGSZEIT: **15 Minuten**

## ZUTATEN:

100 g Spaghetti

150 g gekochte Linsen

150 g Champignons

1 Knoblauchzehe

150 g Tomatensoße

50 g frische Tomaten

1 Handvoll Walnüsse

1½ TL italienische Gewürzmischung

## ZUBEREITUNG

Die Spaghetti in einem Topf mit Wasser zum Kochen bringen und nach Packungsanleitung kochen.

Das Gemüse klein schneiden.

Die Champignons mit dem Knoblauch in einer Pfanne anbraten.

Anschließend die Walnüsse klein hacken und zusammen mit den restlichen Zutaten in die Pfanne mit den Pilzen geben und aufkochen lassen.

Die gekochten Spaghetti ebenfalls in die Pfanne geben und gut umrühren.

### VORTEILE CHAMPIGNONS:

- ✔ Gute-Laune-Macher durch B-Vitamine, die Gedächtnis, Schlaf und ausgeglichene Stimmung unterstützen
- ✔ stärken Nerven und Muskeln durch den Niacingehalt
- ✔ enthalten Eisen und Kupfer

### Vorteile Paprika:

- ✔ reich an Folsäure, die besonders wichtig für Schwangere ist
- ✔ enthält Kalium, das wichtig für den Säure-Basen-Haushalt im Körper ist
- ✔ im rohen Zustand viel Vitamin C (mehr als bei Zitrusfrüchten)

# FEURIGE PAPRIKAPASTA

ZUBEREITUNGSZEIT: **10 Minuten**

## ZUTATEN:

100 g Vollkornspaghetti

100 g gekochte Kichererbsen

100 g geröstete Paprika aus dem Glas

1 EL Sambal Oelek oder Chili

100 g Champignons

50 g TK-Spinat

1 Knoblauchzehe

20 g Erdnussmus

50 ml Wasser

Salz

## ZUBEREITUNG

Die Spaghetti nach Packungsanleitung kochen. In der Zwischenzeit die Champignons und den Knoblauch klein schneiden und mit dem Spinat in einer Pfanne kurz anbraten.

Für die Soße die Kichererbsen mit dem Erdnussmus, Sambal Oelek, Wasser und der gerösteten Paprika zu einer homogenen Masse pürieren. Anschließend die Soße zum Gemüse in die Pfanne geben und mit den fertig gekochten Spaghetti verrühren.

TIPP: Mit angebratenen Kichererbsen als Topping ist es sehr zu empfehlen.

# PASTA IN KRÄUTERSOSSE

ZUBEREITUNGSZEIT: **10 Minuten**

## ZUTATEN:

100 g Vollkornpasta

100 g Räuchertofu

150 g Sojajoghurt

1 EL Cashewmus

1 Handvoll gehackte Kräuter nach Wahl

2 TL Zitronensaft

1 TL Ahornsirup

Salz und Pfeffer

optional:

ein Schluck Wasser

## ZUBEREITUNG

Die Pasta nach Packungsanleitung in Wasser kochen.

Den Räuchertofu in Stücke schneiden und in einer Pfanne anbraten.

In der Zwischenzeit alle restlichen Zutaten verrühren und gegebenenfalls mit einem Schluck Wasser verdünnen, falls die Soße nicht cremig genug ist.

Sobald die Pasta fertig gekocht ist, das Wasser abgießen und zusammen mit der Soße verrühren.

Noch ein letztes Mal aufkochen lassen und den angebratenen Räuchertofu dazugeben.

TIPP: Mit Gemüse und Hülsenfrüchten nach Wahl beliebig aufpeppen.

## Vorteile Sojajoghurt:

- ✔ positiv für die Darmflora aufgrund der Milchsäurebakterien
- ✔ beugt Krankheiten aufgrund der probiotischen Eigenschaften vor (unter anderem Darmkrebs und Bluthochdruck)
- ✔ Eiweißlieferant

# HERZHAFTES

### Vorteile Walnüsse:

- ✔ die Ellagsäure darin stärkt das Immunsystem
- ✔ B-Vitamine stärken die Nerven
- ✔ bremsen das Cholesterin aus
- ✔ Vitamin E für schöne Haut
- ✔ schützen das Herz durch den hohen Gehalt an Omega-3-Fettsäuren

# ZUCCHINI-BOOTE

ZUBEREITUNGSZEIT: **25 Minuten**

## ZUTATEN:

200 g gekochte Linsen

2 Zucchini

100 g Tomatensoße

1 TL italienische Gewürzmischung

1 Handvoll Walnüsse

1 kleine Karotte

½ Zwiebel

20 g getrocknete Tomaten

Salz

## ZUBEREITUNG

Die Karotte und Zwiebel fein reiben. Anschließend zusammen mit der Gewürzmischung, Salz und Tomatensoße in einer Schüssel verrühren.

Die getrockneten Tomaten und Walnüsse ebenfalls klein hacken und zu der Mischung geben.

Die Linsen nun auch unterrühren und beiseitestellen.

Den Ofen auf 200° C vorheizen.

Die Zucchini halbieren, aushöhlen und mit der Linsenmischung befüllen. Das Ganze für ca. 20–25 Minuten bei 200° C backen.

# KAROTTENFALAFEL

ZUBEREITUNGSZEIT: **20 Minuten**

## ZUTATEN:

200 g gekochte Linsen

40 g gemahlene Haferflocken

10 g geschrotete Leinsamen

1 TL italienische Gewürzmischung

100 g Karotten

50 ml Wasser

Salz

## ZUBEREITUNG

Die Linsen mit dem Wasser pürieren, bis eine homogene Masse entsteht. Anschließend die Karotte fein reiben und alle Zutaten in einer Schüssel verrühren und kurz ziehen lassen.

Den Ofen auf 200° C vorheizen. Mit angefeuchteten Händen kleine Bällchen formen und auf ein Backblech mit Backpapier legen.

Das Ganze für ca. 15–20 Minuten bei 200° C backen.

TIPP: Sie passen optimal als Beilage zu Ofengemüse, in Salaten oder Bowls.

### Vorteile Kichererbsen:

- ✔ reich an Eisen und Protein
- ✔ enthalten Magnesium für die Nerven und Muskeln
- ✔ Ballaststoffe halten den Blutzuckerspiegel gering
- ✔ durch den Kalziumgehalt optimal für die Knochen und Zähne

## Vorteile Oliven:

- ✔ schützen Herz und Gefäße durch die vielen ungesättigten Fettsäuren
- ✔ reich an Folsäure
- ✔ durch Milchsäurebakterien förderlich für die Darmgesundheit
- ✔ wichtige Vitaminlieferanten

# OLIVEN-KICHERERBSEN-BÄLLCHEN

ZUBEREITUNGSZEIT: **20 Minuten**

## ZUTATEN:

200 g gekochte Kichererbsen
30 g entkernte grüne Oliven
50 ml Wasser
40 g Hafermehl
10 g geschrotete Leinsamen
50 g zerriebene Karotte
½ TL Cumin (Kreuzkümmel)
Chiliflocken
Salz

## ZUBEREITUNG

Die Kichererbsen mit den Leinsamen und dem Wasser pürieren. Im Anschluss alle Zutaten in einer Schüssel vermengen und kurz ziehen lassen. Den Ofen auf 200° C vorheizen. Mit angefeuchteten Händen kleine Bällchen formen und auf ein Backblech mit Backpapier legen. Das Ganze für ca. 15–20 Minuten bei 200° C backen.

TIPP: Sie eignen sich gut als Beilage zu Ofengemüse, in Salaten oder Bowls.

# ZITRONENTOFU SÜSS-SAURER

ZUBEREITUNGSZEIT: **25 Minuten**

## ZUTATEN:

200 g Naturtofu

50 ml Zitronensaft

2 EL Ahornsirup

optional: etwas Chilipulver

## ZUBEREITUNG

Den Tofu in Stücke schneiden.

Möglichst viel Wasser aus den geschnittenen Stücken mit einem Küchentuch heraus pressen.

Anschließend den Zitronensaft, Ahornsirup und das Chilipulver zu den ausgepressten Tofustückchen geben und gut verrühren.

Am besten etwas marinieren lassen oder den Tofu gleich in eine ofenfeste Form geben und die Zitronensaftmischung dazugeben.

Das Ganze dann bei 200° C im vorgeheizten Ofen für ca. 15–20 Minuten backen, bis der Tofu goldenbraun ist. Optional kann man den Tofu auch zusammen mit dem Saft in eine Pfanne geben und anbraten, bis die Flüssigkeit verdampft ist.

TIPP: Dieser Zitronentofu eignet sich besonders für bunte Bowls oder als Beilage.

## Vorteile Tofu:

- ✔ ist leicht verdaulich und mit viel Protein
- ✔ fördert die Blutbildung durch das Eisen
- ✔ kann das Krebsrisiko für Brust- und Gebärmutterkrebs senken
- ✔ positiv für die Herzgesundheit durch Saponine

### Vorteile Karotten:

- ✔ enthaltenes Betacarotin stärkt Augen und Haut
- ✔ Pektin für gute Verdauung
- ✔ mit einer Fettquelle genießen, da z.B. das Betacarotin fettlöslich ist
- ✔ das Kochen bricht die Zellwände auf, was eine bessere Aufnahme der Nährstoffe ermöglicht

# OFENKAROTTEN MIT KRÄUTERDIP

ZUBEREITUNGSZEIT: **25 Minuten**

## ZUTATEN:

### Ofenkarotten:

4–5 große Karotten

40 g Balsamicoessig

10 g Xylit (oder ein anderes Süßungsmittel)

1 TL Ingwer

### Dip:

150 g Sojajoghurt

1 Handvoll frische Kräuter nach Wahl

1 EL Cashewmus

½ Zitrone (Saft)

1 TL Knoblauchpulver

Salz

## ZUBEREITUNG

Die Karotten in Sticks schneiden. Die restlichen Zutaten für die Marinade der Karotten zusammenrühren, bis eine homogene Soße entsteht.

Nun die Karotten zur Soße geben und gut umrühren, bis die Karotten überall bedeckt sind. Den Ofen auf 200° C vorheizen.

Die Karotten auf ein mit Backpapier ausgekleidetes Backblech geben und für ca. 20–25 Minuten bei 200° C backen, bis sie schön gebräunt sind.

In der Zwischenzeit den Schnittlauch für den Dip klein schneiden und alle restlichen Zutaten anschließend vermengen.

TIPP: Mit Reis oder Fladenbrot servieren.

# NO-FISH-TOFU

ZUBEREITUNGSZEIT: **15 Minuten**

## ZUTATEN:

150 g Tofu

2 Noriblätter

½ Zitrone (Saft)

2 EL Ahornsirup (oder ein anderes Süßungsmittel)

Salz

## ZUBEREITUNG

Den Tofu in Stücke schneiden.

Die Tofustücke bei 200° C im vorgeheizten Ofen für 10 Minuten backen.

Den gebackenen Tofu zu dem Zitronensaft, Salz und dem Ahornsirup geben. Gut umrühren, sodass der Tofu vollständig bedeckt ist und beiseitestellen.

Die Noriblätter in einem Foodprozessor oder mit einem Stabmixer in kleinere Stücke zerkleinern.

Den marinierten Tofu in den Noriblätterbröseln wenden.

Als Beilage zu Bowls oder anderen Gerichten servieren.

### VORTEILE ZITRONE:

- ✔ stärkt durch das Vitamin C das Immunsystem
- ✔ beugt durch die Fruchtsäure Infektionen vor
- ✔ schützt durch Flavonoide Körperzellen
- ✔ unterstützend bei Wundheilung und gut für starke Knochen

# CREMIGES KARTOFFELPÜREE

ZUBEREITUNGSZEIT: **20 Minuten**

## ZUTATEN:

ca. 450 g rohe Kartoffeln
250 ml pflanzliche Milch
2 EL Cashewmus
Salz und Pfeffer
1 Prise geriebene Muskatnuss
1 TL Knoblauchpulver
200 g Champignons
2 kleine rote Zwiebeln
1 TL (Vollkorn-)Semmelbrösel

## ZUBEREITUNG

Die Kartoffeln klein schneiden und zusammen mit der pflanzlichen Milch in einen Topf geben.

Zum Kochen bringen und anschließend für ca. 15–20 Minuten köcheln lassen. Die Kochzeit variiert je nach Größe der Kartoffelstücke.

In der Zwischenzeit die Zwiebeln und Champignons in einer separaten Pfanne anbraten und mit Salz und Pfeffer abschmecken.

Sobald die Kartoffel weich gekocht sind, mit dem Cashewmus, Knoblauchpulver, Muskat und Salz zu einem Püree zerstampfen.

Das Kartoffelpüree mit der Zwiebel-Pilz-Mischung servieren.

### Vorteile Kartoffeln:

- ✔ enthalten viele Vitamine
- ✔ liefern wertvolles Eiweiß
- ✔ reich an sekundären Pflanzenstoffen

# BUDDHABOWL SÜSS-SAUER

ZUBEREITUNGSZEIT: **15 Minuten**

## ZUTATEN:

400 g Kartoffeln

150 g gekochte Kichererbsen

200 g grüne Bohnen

1 Knoblauchzehe

1 EL Sesam

1 Karotte

1 gekochte Rote Bete

### Dip:

3 TL Ahornsirup

3 TL Apfelessig

50 g Tomatenmark

2 TL Sojasoße

50 ml Wasser

## ZUBEREITUNG

Die Kartoffeln klein schneiden und mit etwas Wasser in einem Topf zum Kochen bringen. Für ca. 15 Minuten köcheln lassen und anschließend das Wasser abgießen.

In der Zwischenzeit die grünen Bohnen, Karotte und Rote Bete zusammen mit den Kichererbsen in einer Pfanne zusammen mit dem Knoblauch anbraten.

Alle Zutaten für den Dip in einer Schüssel verrühren.

Die Bowl mit den Kartoffeln und dem angebratenen Gemüse mit den Kichererbsen anrichten und den Sesam als Topping verwenden.

Zusammen mit dem Dip genießen.

### Vorteile grüne Bohnen:

- ✔ viel Vitamin C
- ✔ hoher Folsäuregehalt, besonders gut für Schwangere
- ✔ liefern B-Vitamine, besonders Riboflavin

# Gefüllte Pitabrote

ZUBEREITUNGSZEIT: **15 Minuten**

## ZUTATEN:

½ kleiner Hokkaidokürbis (ca. 350 g)

100 g gekochte Kichererbsen

150 g passierte Tomaten

1 TL italienische Gewürzmischung

2 (Vollkorn-)Pitabrote

Salz

## ZUBEREITUNG

Den Kürbis in Stücke schneiden und in einem Topf mit einem Schuss Wasser für ca. 15 Minuten kochen, bis er weich ist.

Mit der Tomatensoße ablöschen und die Kichererbsen mit den Gewürzen unterrühren.Die Pitabrote kurz aufwärmen und anschließend befüllen.

TIPP: Mit einem Klecks veganem Joghurt genießen.

### Vorteile Tomaten:

- ✔ viel Lycopin (gehört zu Karotinoiden) und wirkt dadurch krebsvorbeugend
- ✔ viel Vitamin C, Kalium, Magnesium und Folsäure
- ✔ schützen vor Schlaganfällen
- ✔ vorteilhaft für die Haut durch Karotinoid

# CHILI SIN CARNE

ZUBEREITUNGSZEIT: **20 Minuten**

## ZUTATEN:

250 g Räuchertofu

100 g gekochte Kidneybohnen

100 g gekochter Mais

1 kleine Zwiebel

1 Knoblauchzehe

400 g Tomatenstücke aus der Dose

1 TL Oregano

1 TL Paprikapulver

1 TL ungesüßtes Kakaopulver

Chiliflocken

Salz

## ZUBEREITUNG

Den Räuchertofu mit den Händen zerbröseln. Anschließend die Zwiebel und den Knoblauch klein schneiden.

Alle Zutaten nun zusammen in einen Topf geben und für ca. 20 Minuten köcheln lassen.

TIPP: Es ist empfehlenswert, das Gericht mit Fladenbrot und Avocado zusammen zu genießen.

### VORTEILE MAIS:

- ✔ reguliert den Flüssigkeitshaushalt im Körper und den Blutdruck durch Kalium
- ✔ sehr reich an Magnesium
- ✔ frei von Histamin und hat einen niedrigen Harnsäurewert
- ✔ liefert einen Komplex aus B-Vitaminen

# HERZHAFTE KARTOFFELPFANNE

ZUBEREITUNGSZEIT: **15 Minuten**

## ZUTATEN:

450 g Kartoffeln

2 Zwiebeln

1 Knoblauchzehe

100 g Champignons

100 ml Sojamilch

1 EL Cashewmus

½-1 TL pulverisierte Gemüsebrühe

Salz und Pfeffer

## ZUBEREITUNG

Die Kartoffeln, Zwiebeln, Champignons und Knoblauch in Stücke schneiden.Anschließend in einer Pfanne mit der Sojamilch zum Kochen bringen.

Das Ganze für ca. 15–20 Minuten köcheln lassen, bis die Kartoffeln und Zwiebeln weich sind. Dann das Cashewmus mit der Gemüsebrühe unterrühren und nach Belieben mit Salz und Pfeffer abschmecken.

TIPP: Das Gericht mit einem Klecks veganem Joghurt zu servieren ist sehr zu empfehlen.

### VORTEILE CASHEWKERNE:

- ✔ hoher Magnesiumgehalt unterstützt das Nervensystem und die Muskulatur
- ✔ stärken Knochen & Zähne durch Kalzium
- ✔ Gute-Laune-Macher durch Tryptophan, damit werden Glückshormone ausgeschüttet
- ✔ reich an Eiweiß und Eisen

# SCHNELLES TOFUCURRY

ZUBEREITUNGSZEIT: **15 Minuten**

## ZUTATEN:

200 g Tofu

1 Knoblauchzehe

300 g TK-Gemüse

150 ml Kokosnussmilch aus der Dose

1 TL Currypulver

gehackter, frischer Koriander

Salz

## ZUBEREITUNG

Den Tofu und den Knoblauch in Stücke schneiden. Anschließend in einer Pfanne goldbraun anbraten.

Im Anschluss mit der Kokosnussmilch ablöschen und das Gemüse mit den Gewürzen unterrühren.

Für ca. 5–10 Minuten köcheln lassen.

TIPP: Mit Reis, Fladenbrot oder Kartoffeln servieren.

### VORTEILE KOKOSNUSS:

- ✔ leicht verdaulich
- ✔ viele Mineralstoffe wie Kalium, Kalzium, Magnesium und Phosphor
- ✔ für schöne Nägel, Haare und Haut durch den Biotingehalt

### Vorteile Süsskartoffel:

- ✔ enthält viel Kalzium, das wichtig für die Knochengesundheit ist
- ✔ reich an Beta Carotin und ist daher gut für die Augen, das Immunsystem
- ✔ viel Vitamin E

# GEFÜLLTE SÜSSKARTOFFEL

ZUBEREITUNGSZEIT: **15 Minuten**

## ZUTATEN:

1–2 große Süßkartoffeln

100 g Kokosnussjoghurt

1 TL Tomatenmark

1 TL Zitronensaft

1 TL Ahornsirup

etwas Chili

Salz

150 g gekochte Kichererbsen

150 g Champignons

etwas Kresse

## ZUBEREITUNG

Die rohe Kartoffel mit einer Gabel an verschiedenen Stellen einstechen.

In eine mikrowellenfesten Schüssel in die Mikrowelle geben und je nach Größe ca. 8–12 Minuten bei voller Leistung garen. Unbedingt nach ca. 5 Minuten kurz wenden, damit sie regelmäßig gegart wird. (Immer nur jeweils eine Kartoffel in die Mikrowelle geben!) Optional können die Kartoffeln auch normal in einem Topf mit Wasser gekocht oder im Ofen gebacken werden.

In der Zwischenzeit die Champignons in Scheiben schneiden und zusammen mit den Kichererbsen in einer seperaten Pfanne anbraten. Den Kokosnussjoghurt mit den restlichen Zutaten verrühren.

Die angerührte Soße in die Pfanne zu den Champignons und Kichererbsen geben und gut verrühren.

Die gegarten Süßkartoffeln aufschneiden, befüllen und anschließend mit der Kresse garnieren.

# KAROTTEN-KICHERERBSEN-CURRY

ZUBEREITUNGSZEIT: **10 Minuten**

## ZUTATEN:

150 g gekochte Kichererbsen

350 g Karotten

150 ml Kokosnussmilch aus der Dose

100 g Couscous

200 ml Wasser

1 TL Currypulver

1 Knoblauchzehe

Salz

## ZUBEREITUNG

Die Karotte und den Knoblauch klein schneiden und kurz in der Pfanne anbraten.

Mit der Kokosnussmilch ablöschen und die Kichererbsen mit dem Currypulver hinzugeben.

Kurz umrühren und für ca. 10 Minuten köcheln lassen.

In der Zwischenzeit den Couscous mit den 200 ml Wasser aufkochen lassen oder mit kochendem Wasser übergießen und ziehen lassen.

Sobald das Curry fertig gekocht ist, mit Salz abschmecken und zusammen mit dem Couscous servieren.

TIPP: Das Curry kann auch mit Fladenbrot zusätzlich serviert werden.

### Vorteile Curry:

- ✔ schützt Körperzellen
- ✔ kann Nerven beruhigen durch ätherische Öle aus Kardamom, Zimt, Piment und Koriander
- ✔ regt die Durchblutung an
- ✔ hilft bei Erkältungen durch ätherische Öle und scharfe Anteile aus Pfeffer oder Chili

# SPINAT-BOHNEN-PFANNE

ZUBEREITUNGSZEIT: **10 Minuten**

## ZUTATEN:

350 g TK-Spinat

1 Knoblauchzehe

100 ml Kokosnussmilch aus der Dose

250 g weiße Bohnen

100 g Champignons

1½ TL italienische Gewürzmischung

Salz und Pfeffer

## ZUBEREITUNG

Den Spinat mit der Kokosnussmilch in einem Topf erhitzen.

Die Champignons und den Knoblauch klein schneiden und zum Spinat geben.

Für ca. 5 Minuten köcheln lassen.

Anschließend die Bohnen und die italienische Gewürzmischung hinzugeben und ein letztes Mal aufkochen lassen.

Mit Reis, Brot oder anderen Beilagen servieren.

### VORTEILE SPINAT:

- ✔ eine der besten Quellen für Vitamin A (gut für Augen und Haare)
- ✔ stärkt unsere Nerven durch Magnesium
- ✔ fördert die Blutbildung durch Eisen
- ✔ schützt die Zellen durch Vitamin E

# COUSCOUS-ERDNUSS-BOWL

ZUBEREITUNGSZEIT: **10 Minuten**

## ZUTATEN:

200 g Couscous

40 g Erdnussmus

2 TL Ahornsirup

2 TL Balsamicoessig

4 ml Wasser

2 TL Sojasoße

rohe Gemüsebeilage nach Belieben

## ZUBEREITUNG

Den Couscous mit 250 ml Wasser aufkochen lassen oder mit kochendem Wasser übergießen und mit geschlossenem Deckel ziehen lassen.

Alle Zutaten in einer Schüssel verrühren, bis eine cremige Konsistenz entsteht.

Je nach gewünschter Konsistenz mit etwas mehr oder weniger Wasser verdünnen.

TIPP: Macht sich auch toll als Dressing von Salaten, in bunten Bowls oder als Pastasoße.

### Vorteile Ahornsirup:

- ✔ enthält Eisen
- ✔ stärkt die Knochen durch den Kalziumgehalt
- ✔ kann Bakterien bekämpfen und Antibiotika besser wirken lassen

# BROTZEIT

# SCHNELLER PAPRIKADIP

ZUBEREITUNGSZEIT: **5 Minuten**

## ZUTATEN:

150 g eingelegte Paprika aus dem Glas

100 g Naturtofu

1 TL Knoblauchpulver

1 TL Zwiebelpulver

Salz

## ZUBEREITUNG

Den Tofu in Stücke schneiden.

Alle Zutaten zusammen in einem Mixer pürieren, bis eine homogene Masse entsteht.

**TIPP:** Macht sich toll als Dressing von Salaten, in bunten Bowls oder als Pastasoße.

### VORTEILE PAPRIKA:

- ✔ reich an Folsäure, die besonders wichtig für Schwangere ist
- ✔ enthält Kalium, das wichtig für den Säure-Basen-Haushalt im Körper ist
- ✔ im rohen Zustand viel Vitamin C (mehr als bei Zitrusfrüchten)

# ROTE-BETE-AUFSTRICH

ZUBEREITUNGSZEIT: **5 Minuten**

## ZUTATEN:

150 g gekochte Kichererbsen

50 ml Wasser

40 g gekochte Rote Bete

40 g Erdnussmus

1 TL Rosmarin

1 TL Knoblauchpulver

Salz

etwas Kreuzkümmel

## ZUBEREITUNG

Alle Zutaten in einem Mixer pürieren, bis eine cremige Konsistenz entsteht.

TIPP: Auch zu Pasta oder als Dip passt es, dann sollte jedoch mehr Wasser hinzugefügt werden.

### VORTEILE ROSMARIN:

- ✔ beruhigt den Magen, lindert Blähungen, Krämpfe und Magenbeschwerden
- ✔ hilft bei niedrigem Blutdruck und schwachem Kreislauf, stärkt das Nervensystem
- ✔ unterstützt Galle und Leber
- ✔ hilft bei Husten

# EINFACHER RÜHRTOFU

ZUBEREITUNGSZEIT: **8 Minuten**

### ZUTATEN:

200 g Naturtofu

50 ml Sojamilch

1 EL Cashewmus

Salz (Kala Namak/Schwarzsalz für mehr Eigengeschmack)

Pfeffer

1 Handvoll frische Kräuter nach Wahl

optional: 1 TL Kurkuma

### ZUBEREITUNG

Den Tofu mit den Händen zerbröseln.

Mit den restlichen Zutaten verrühren.

In einer Pfanne erhitzen, bis die Sojamilch angedickt ist.

Mit Brot oder als Beilage genießen.

### Vorteile Kräuter:

- ✔ gezielte Heilwirkungen (z. B. schleimlösend, beruhigend, krampflösend usw.)
- ✔ extrem nährstoffreich
- ✔ viele Mineralstoffe wie beispielsweise Kalium, Eisen, Kalzium ...

# ERDNUSS-KAROTTEN-HUMMUS

ZUBEREITUNGSZEIT: **10 Minuten**

### ZUTATEN:

100 g gekochte Kichererbsen

40 g Erdnussmus

50 ml Wasser

1 Karotte

1 TL Knoblauchpulver

Salz

### ZUBEREITUNG

Die Karotte in einer Pfanne anbraten.

Alle Zutaten zusammen in einem Mixer zu einer homogenen Masse pürieren.

TIPP: Mit Brot, Pasta oder als Dip mit Gemüse servieren.

### VORTEILE KAROTTEN:

- ✔ enthaltenes Beta-Carotin stärkt Augen und Haut
- ✔ Pektin für gute Verdauung
- ✔ mit einer Fettquelle genießen, da z.B. das Beta-Carotin fettlöslich ist
- ✔ das Kochen bricht die Zellwände für eine bessere Nährstoffaufnahme auf

# SÜSSER CURRY-LINSEN-AUFSTRICH

ZUBEREITUNGSZEIT: **5 Minuten**

**ZUTATEN:**

1 reife Banane (ca. 100 g)

120 g gekochte Linsen

1 TL Currypulver

Salz

**ZUBEREITUNG**

Die Banane in Stücke schneiden.

Alle Zutaten zusammen in einem Mixer zu einer homogenen Masse pürieren.

**TIPP:** Dieser Aufstrich passt zu Maiswaffeln, oder auch mit Pitabrot.

**VORTEILE LINSEN:**

- ✔ reich an Protein
- ✔ stärken durch Magnesium Nerven und Gehirn
- ✔ reich an Eisen und Ballaststoffen

### Vorteile Avocado:

- ✔ viele wertvolle ungesättigte Fettsäuren, die vorteilhaft fürs Herz-Kreislauf-System sind
- ✔ wirkt stresshemmend durch die vielen B-Vitamine und Lecithin
- ✔ viel Magnesium
- ✔ schützt die Augen vor vorzeitiger Sehschwäche

# SCHNELLES AVOCADOTOAST

ZUBEREITUNGSZEIT: **5 Minuten**

## ZUTATEN:

½ Avocado

1 kleine Frühlingszwiebel

1 TL Apfelessig

200 g Champignons

1 TL Zwiebelpulver

1 TL Knoblauchpulver

Brot

Salz und Pfeffer

optional: etwas Chilipulver

## ZUBEREITUNG

Die Pilze klein schneiden und kurz mit Knoblauchpulver und Zwiebelpulver anbraten.

Die Frühlingszwiebel klein schneiden und zusammen mit der Avocado, Apfelessig, Salz und Pfeffer mit der Gabel vermengen, bis eine Creme entsteht.

Die Avocadocreme auf Brot mit den angebratenen Pilzen servieren.

# BACKEN

# SCHOKO-TASSENKUCHEN

ZUBEREITUNGSZEIT: **5 Minuten**

## ZUTATEN:

50 g Dinkelvollkornmehl

1 EL ungesüßtes Kakaopulver

50 g Apfelmus

1 TL Backpulver

50–80 ml pflanzliche Milch

1 TL Erdnussmus

30 g Xylit (oder ein anderes granuliertes Süßungsmittel)

1 Banane

## ZUBEREITUNG

Die Banane mit einer Gabel zerdrücken.

Anschließend alle restlichen Zutaten hinzufügen und mischen.

Den Teig in eine Tasse füllen und für ca. 2–3 Minuten in der Mikrowelle auf höchster Stufe backen. Die Backzeit hängt hier sehr von der Mikrowelle ab und kann deshalb immer von der Zeit her schwanken.

### VORTEILE KAKAO:

- ✔ unterstützt die Abwehrkräfte des Körpers
- ✔ reguliert den Blutzuckerspiegel
- ✔ schützt die Körperzellen und wirkt deshalb vorbeugend gegen Krebserkrankungen
- ✔ kann bei Ein- und Durchschlafproblemen helfen
- ✔ stärkt das Herz und die Knochen

### Vorteile Zimt:

- ✔ besänftigt den Magen durch die sekundären Pflanzenstoffe, ätherischen Öle und Gerbstoffe
- ✔ hilft der Verdauung (z. B. gegen Blähungen)
- ✔ wirkt entspannend durch die wärmende Wirkung

# ZIMTIGE KAROTTENBLONDIES

ZUBEREITUNGSZEIT: **35 Minuten**

## ZUTATEN:

100 g geriebene Karotte

90 g Buchweizenmehl

10 g geriebene Leinsamen

40 g Xylit (oder ein anderes granuliertes Süßungsmittel nach Wahl)

1 TL Zimt

140 ml pflanzliche Milch

1 TL Backpulver

1 EL Nussmus

etwas Kardamom

## ZUBEREITUNG

Alle Zutaten in einer Schüssel verrühren.

Den Ofen auf 200° C vorheizen. Eine ofenfeste Form (ca. 18 x 30 cm) mit Backpapier auskleiden oder gut einfetten.

Den Teig anschließend in die Form füllen und für ca. 30 Minuten bei 200° C im Ofen backen.

Kurz abkühlen lassen und aus der Form lösen.

# BUCHWEIZEN-APFEL-MUFFINS

ZUBEREITUNGSZEIT: **25 Minuten**

## ZUTATEN:

150 g Buchweizenmehl

200 g Apfel

2 TL Backpulver

1 TL Zimt

50 g geriebene Walnüsse

160 ml Wasser

50 g Apfelmus

20 g geschrotete Leinsamen

80 g Xylit (oder ein anderes granuliertes Süßungsmittel)

## ZUBEREITUNG

Die Äpfel in kleine Stücke schneiden und die trockenen Zutaten vermengen.

Anschließend alle Zutaten in einer Schüssel verrühren.

Den Ofen auf 180° C vorheizen und den Teig in Muffinförmchen füllen. Die Muffins bei 180° C für ca. 20–25 Minuten backen.

### Vorteile Apfel:

- ✔ viele Mineralstoffe wie Kalzium, Phosphor und Eisen
- ✔ sekundäre Pflanzenstoffe schützen Körperzellen
- ✔ hilft bei Verdauungsproblemen
- ✔ reich an den Vitaminen A, B, C und E

### Vorteile Buchweizen:

- ✔ wichtige Nährstoffe wie Magnesium, Kalium und Eisen
- ✔ schützt Zellen durch den Vitamin-E-Gehalt
- ✔ viel Kieselsäure, was Haut und Nägeln hilft
- ✔ Protein kann vom Körper gut verwertet werden
- ✔ stärkt die Knochen durch Lysin

# PROTEINREICHER KUCHEN

ZUBEREITUNGSZEIT: **35 Minuten**

### ZUTATEN:

10 g gemahlene Leinsamen

50 g Buchweizenmehl

130 ml Wasser oder pflanzliche Milch

50 g Xylit (oder ein anderes granuliertes Süßungsmittel)

1 TL Backpulver

1 EL Nussmus oder Öl

200 g gekochte Kichererbsen

optional: Schokostücke

### ZUBEREITUNG

Die Leinsamen zusammen mit den Kichererbsen und der Flüssigkeit zu einer glatten Masse pürieren.

Anschließend alle Zutaten zusammen in einer Schüssel verrühren.

Den Ofen auf 200° C vorheizen.

Eine 12-cm-Springform einfetten oder mit Backpapier auskleiden. (Ich habe eine aus Silikon verwendet, die das Ankleben des Teigs verhindert.)

Den Kuchen für ca. 30 Minuten bei 200° C backen.

Kurz auskühlen lassen und vorsichtig aus der Form lösen.

# MINI-BANANENKUCHEN

ZUBEREITUNGSZEIT: **30 Minuten**

## ZUTATEN:

10 g gemahlene Leinsamen

90 g Dinkelvollkornmehl

120 ml Wasser oder pflanzliche Milch

40 g Xylit (oder ein anderes granuliertes Süßungsmittel)

1 reife Banane

1 TL Backpulver

Zimt

## ZUBEREITUNG

Die Hälfte der Banane mit einer Gabel zerdrücken und den Rest in Stücke schneiden und beiseitestellen.

Die zerdrückte Banane mit den restlichen Zutaten vermengen. Den Ofen auf 200° C vorheizen.

Eine 12-cm-Springform einfetten oder mit Backpapier auskleiden. (Ich habe eine aus Silikon verwendet, die das Ankleben des Teigs verhindert.) Den Teig in die Form füllen und die in Stücke geschnittenen Bananenreste oben leicht in den Teig drücken.

Den Kuchen für ca. 30 Minuten bei 200° C backen. Kurz auskühlen lassen und vorsichtig aus der Form lösen.

### VORTEILE BANANEN:

- ✔ beruhigende Wirkung durch Mineralien wie Magnesium, Kalium und Phosphor
- ✔ gegen Nervosität und Schlafstörungen
- ✔ machen gute Laune durch den Serotoningehalt
- ✔ helfen bei Bauchschmerzen

### Vorteile Rote Bete:

- ✔ senkt den Blutdruck durch den Nitratgehalt
- ✔ der Farbstoff Betanin schützt die Körperzellen
- ✔ wirkt blutbildend
- ✔ sekundäre Pflanzenstoffe hemmen Entzündungen
- ✔ erhöht Leistungsfähigkeit beim Sport durch das Nitrat

# ROTE-BETE-BROWNIES

ZUBEREITUNGSZEIT: **30 Minuten**

## ZUTATEN:

45 g Buchweizenmehl

150 g reife Banane

100 g gekochte Rote Bete

10 g Kokosmehl

10 g geschrotete Leinsamen

1 TL Backpulver

1 TL Lebkuchengewürz

50 g Xylit (oder ein anderes granuliertes Süßungsmittel)

## ZUBEREITUNG

Die Rote Bete zusammen mit der Banane und den Leinsamen pürieren, bis eine glatte Masse entsteht. Den Ofen auf 200° C vorheizen.

Alle Zutaten in einer Schüssel verrühren und eine ofenfeste Form (ca. 18 x 30 cm) mit Backpapier auslegen oder gut einfetten.

Die Brownies für ca. 30 Minuten bei 200° C backen.

Kurz auskühlen lassen und vorsichtig aus der Form lösen.

# PROTEIN-KÄSEKUCHEN

ZUBEREITUNGSZEIT: **35 Minuten**

## ZUTATEN:

50 g Xylit (oder ein anderes granuliertes Süßungsmittel)

30 g Mandelmus

200 g Naturtofu

200 g Sojajoghurt

½ Zitrone (Abrieb)

1 Packung Vanillepuddingpulver

10 g Leinsamen

## ZUBEREITUNG

Den Tofu mit den Leinsamen und dem Sojajoghurt pürieren, bis eine homogene Masse entsteht.

Alle Zutaten in einer Schüssel verrühren.

Eine 12-cm-Springform einfetten oder mit Backpapier auskleiden. (Ich habe eine aus Silikon verwendet, die das Ankleben des Teigs verhindert.)

Den Kuchen für ca. 30 Minuten im auf 200° C vorgeheizten Ofen backen.

Vollständig auskühlen lassen und anschließend aus der Form lösen.

### VORTEILE SOJAJOGHURT:

- ✔ positiv für die Darmflora aufgrund der Milchsäurebakterien
- ✔ beugt Krankheiten aufgrund der probiotischen Eigenschaften vor (unter anderem Darmkrebs und Bluthochdruck)
- ✔ Eiweißlieferant

# FEIGEN-BANANEN-BROWNIES

ZUBEREITUNGSZEIT: **35 Minuten**

## ZUTATEN:

130 g reife Banane

100 g gekochte Linsen

50 ml pflanzliche Milch

15 g ungesüßtes Kakaopulver

40 g Xylit (oder ein anderes granuliertes Süßungsmittel nach Wahl)

40 g Buchweizenmehl

1 TL Backpulver

10 g geschrotete Leinsamen

1 große reife Feige

## ZUBEREITUNG

Die Linsen mit der Banane und den Leinsamen zu einer glatten Masse pürieren.

Anschließend alle Zutaten in einer Schüssel vermengen. Den Ofen auf 200° C vorheizen.

Eine ofenfeste Form (ca. 18 x 30 cm) mit Backpapier auslegen oder gut einfetten.

Den Teig in die Form füllen und bei 200° C für ca. 30 Minuten backen. Den gebackenen Boden aus der Form heben und die Oberfläche mit XX bestreichen.

Die große Feige in dünne Scheiben schneiden und gleichmäßig mit veganer (Kokos-)Sahne darauf verteilen.

### VORTEILE KAKAO:

- ✔ unterstützt die Abwehrkräfte
- ✔ kann bei Unkonzentriertheit helfen
- ✔ reguliert den Blutzuckerspiegel
- ✔ schützt die Körperzellen und wirkt deshalb vorbeugend gegen Krebserkrankungen
- ✔ kann bei Schlafproblemen helfen

# MINI-SCHOKOLADENKUCHEN

ZUBEREITUNGSZEIT: **30 Minuten**

## ZUTATEN:

10 g gemahlene Leinsamen

90 g Dinkelvollkornmehl

130 ml Wasser oder pflanzliche Milch

50 g Xylit (oder ein anderes granuliertes Süßungsmittel)

1 EL ungesüßtes Kakaopulver

1 kleine Banane (ca. 100 g)

¼ Orange (Abrieb)

1 TL Backpulver

## ZUBEREITUNG

Die Banane mit einer Gabel zerdrücken. Alle Zutaten zusammen verrühren und den Ofen auf 200° C vorheizen.

Eine 12-cm-Springform einfetten oder mit Backpapier auskleiden. (Ich habe eine aus Silikon verwendet, die das Ankleben des Teigs verhindert.)

Den Kuchen für ca. 30 Minuten bei 200° C backen, danach auskühlen lassen und vorsichtig aus der Form lösen.

### VORTEILE LEINSAMEN:

- ✔ immer mit genügend Wasser konsumieren
- ✔ hoher Gehalt ungesättigter Fettsäuren schützt die Gefäße
- ✔ regelt den Flüssigkeitshaushalt durch das Kalium und entlastet dadurch das Herz
- ✔ viel Magnesium und Eisen

# HAFERKEKSE

ZUBEREITUNGSZEIT: **15 Minuten**

## ZUTATEN:

70 g Datteln

50 g geriebene Haselnusskerne

150 ml Wasser

150 g Hafermehl

20 g geschrotete Leinsamen

1 TL Zimt

## ZUBEREITUNG

Die Datteln über Nacht in Wasser einweichen oder in einer Schüssel mit Wasser in die Mikrowelle geben und erhitzen, bis sie weich sind. Die trockenen Zutaten verrühren.

Den Ofen auf 200° C vorheizen.

Die Datteln mit dem Wasser pürieren, bis keine Stückchen mehr vorhanden sind. Alles zusammen in eine Schüssel geben und gut verrühren.

Mit angefeuchteten Fingern Bällchen formen und diese auf dem Backpapier flach drücken.

Bei 200° C für ca. 12–15 Minuten backen, bis sie leicht gebräunt sind.

### Vorteile Datteln:

- ✔ Ballaststoffe, die gut für den Darm sind
- ✔ antioxidativ, was gegen viele Krankheiten vorbeugen kann (unter anderem Diabetes, Krebs- und Herzerkrankungen)
- ✔ ein natürlicher Süßstoff

# SCHOKOLADENMUFFINS

ZUBEREITUNGSZEIT: **25 Minuten**

## ZUTATEN: (für ca. 10 Muffins)

150 g Dinkelvollkornmehl

150 ml Wasser

80 g Xylit (oder ein anderes granuliertes Süßungsmittel)

50 g ungesüßtes Kakaopulver

2 TL Backpulver

100 g Apfelmus

50 g geriebene Haselnüsse

15 g geschrotete Leinsamen

## ZUBEREITUNG

Die trockenen Zutaten verrühren und anschließend alles zusammen vermengen.

Fülle dann alle Muffinförmchen.

Den Ofen auf 180° C vorheizen.

Im vorgeheizten Backofen für ca. 25 Minuten backen und anschließend auskühlen lassen.

### VORTEILE DINKEL:

- ✔ kann Stimmung aufheitern durch Tryptophan
- ✔ enthält viele Mineralstoffe
- ✔ fördert die Verdauung

KAISER
Made in Germany

# SÜSSER KICHERERBSENAUFLAUF

ZUBEREITUNGSZEIT: **10 Minuten**

## ZUTATEN:

250 g gekochte Kichererbsen

15 g geschrotete Leinsamen

1 EL Erdnussmus

15 g ungesüßtes Kakaopulver

20 g Kokosnussmehl

120 ml pflanzliche Milch

40 g Xylit (oder ein anderes Süßungsmittel)

## ZUBEREITUNG

Die Kichererbsen mit den Leinsamen und der Flüssigkeit zu einer glatten Masse pürieren. Anschließend alle Zutaten in einer Schüssel verrühren.

In eine mikrowellenfeste Form geben und für ca. 4–5 Minuten bei voller Leistung in der Mikrowelle backen. Die Backzeit hängt hier sehr von der Mikrowelle ab und kann deshalb immer von der Zeit her schwanken.

Der Auflauf kann auch für ca. 15 Minuten im vorgeheizten Ofen bei ca. 200° C aufbacken.

### VORTEILE KOKOSNUSSMEHL:

- ✔ proteinreich und glutenfrei
- ✔ beeinflusst den Blutzuckerspiegel positiv, da es eine gute Kombination aus Ballaststoffen und nur wenige Kohlenhydrate hat

# DANKE

An dieser Stelle möchte ich besonders meiner Familie, die immer hinter mir steht und mich mit Tat und Kraft unterstützt, sowie meinen wunderbaren Freunden danken, die immer ein offenes Ohr für mich haben. In diesem Buch steckt so viel Herzblut und ohne euch wäre das alles gar nicht so weit gekommen!

WENN DU LUST AUF MEHR BEKOMMEN HAST, SCHAU GERNE BEI MEINEM INSTAGRAM ACCOUNT VORBEI:

**@lovingveganfood**

## IMPRESSUM

Die Deutsche Nationalbibliothek verzeichnet diese Publikation in der Deutschen Nationalbibliografie; detaillierte bibliografische Daten sind im Internet über *https://dnb.ddb.de* abrufbar.

Jana Schwarz
SPEEDY SINGLEKÜCHE

1. Auflage 2023

Ifenpfad 2–4, 12107 Berlin
Postfach 42 04 52, 12064 Berlin



Texte und Fotos: Jana Schwarz
Lektorat: Renate Mannaa, Berlin
Layout und Satz: schaefermueller publ. u. datagrafix GSP, Berlin
Buchdesign: Nina Küchler, Berlin
Gesamtherstellung: Quintessenz Verlags-GmbH, Berlin
Druck: GZH d.o.o. (www.gzh.hr), Zagreb
ISBN: 978-3-948942-23-6

www.dayloniabooks.com